LUIS XVI

Las últimas horas de la monarquía absoluta

Por Hadrien Nafilyan
Traducido por Laura Soler Pinson

Historia 

LUIS XVI

- **¿Nacimiento?** El 23 de agosto de 1754 en Versalles.
- **¿Muerte?** El 21 de enero de 1793 en París.
- **¿Función?** Rey de Francia de 1774 a 1791, y rey de los franceses de 1791 a 1792.
- **¿Principales aportaciones?** Acepta e intenta reformar la monarquía absoluta en un sentido liberal, pero se deja superar por los acontecimientos de la Revolución francesa (1789). Es el primer rey constitucional del país y su reino marca el final de la monarquía absoluta de derecho divino en Francia.

Luis XVI, el último rey de la monarquía absoluta, también es quien intenta ir más allá en las reformas institucionales, financieras y sociales destinadas a sacar a Francia de la crisis que atraviesa durante el último cuarto del siglo XVIII. Así, lejos de oponerse brutalmente a la Revolución francesa, busca contemporizar para evitar conflictos y dar una nueva imagen a la monarquía, más en consonancia con los deseos de la época.

Sin embargo, los distintos movimientos de oposición a la monarquía absoluta, constituidos por los partidarios de una monarquía constitucional de tipo inglés, por los aristócratas nostálgicos de un cierto tipo de feudalidad y, en menor medida, por los republicanos se aprovechan de la buena voluntad de Luis XVI. Sus ministros van sucediéndose sin lograr imponer sus reformas. Al final, el rey se ve obligado a aceptar medidas que, poco a poco, lo van despojando de sus poderes en favor de la Asamblea Revolucionaria.

Luis XVI es un monarca realmente inteligente, aunque la timidez y la falta de confianza a veces interfieren en su labor. Su carácter dulce y su gran bondad no lo incitan a actuar con firmeza y a imponerse en un contexto de tensiones económicas e ideológicas. Así, Francia entra en la era contemporánea sin él e, incluso, contra él.

BIOGRAFÍA

EL PESO DE SER REY

Luis Augusto, duque de Berry, nacido el 23 de agosto de 1754 y bautizado en octubre de 1761, es el hijo de Luis Fernando (1729-1765), a su vez hijo mayor del rey Luis XV (1710-1774), y de María Josefina de Sajonia (1731-1767). La muerte de Luis José Javier, duque de Borgoña (1751-1761), el hermano mayor del joven Luis Augusto, y más tarde la de sus padres marcan su infancia y lo convierten en el heredero de la Corona con tan solo 11 años.

Educado con esmero por preceptores devotos, resulta ser un alumno minucioso y talentoso en muchas áreas, en particular en ciencias y en matemáticas. Junto con la caza y la cerrajería, la lectura y el estudio seguirán siendo durante toda su vida sus ocupaciones favoritas. Intenta vencer su timidez y sus aires torpes, pero no logra realmente deshacerse de ello. Taciturno, a veces depresivo, irresoluto y confundiendo moral personal y acción política, Luis XVI no tiene el temperamento de un rey. Él mismo lo reconoce y considera que el reinado es un deber, pero también una carga.

LUIS XVI Y MARÍA ANTONIETA, DE UN MATRIMONIO DE CONVENIENCIA AL AMOR

El matrimonio que lo une a María Antonieta de Austria (1755-1793) el 16 de mayo de 1770 permite reforzar la alianza franco-austriaca. En un primer momento, las relaciones entre el delfín y su esposa son problemáticas, sobre todo desde un punto de vista carnal, puesto que el matrimonio no se consuma hasta mucho tiempo después. Parece ser que este problema se debe a la timidez y a la torpeza de Luis XVI, más que a una malformación física. De hecho, este no tendrá ninguna amante, dado que no muestra ningún interés por los asuntos amorosos. Aun así, la pareja real tendrá cuatro hijos, María Teresa, llamada Madame Royale (1778-1851), Luis José Javier (1781-1789), Luis Carlos (1785-1795), futuro Luis XVII, y Elena Beatriz-Sofía (1786-1787). Tras estos inicios difíciles, el cariño mutuo entre los esposos va creciendo, hasta llegar a una cierta complicidad en el momento trágico de la Revolución francesa.

UN REY QUE NO LOGRA IMPONERSE

El 10 de mayo de 1774, tras la muerte de Luis XV, Luis XVI se convierte en rey. Es coronado el 11 de junio de 1775 en la catedral de Reims. Entonces, tiene 20 años y es consciente de sus lagunas en las cuestiones de gobierno y de su falta de experiencia, pero a pesar de todo, decide reinar solo, sin primer ministro. No obstante, se apoya en un consejero principal, el conde de Maurepas, Jean-Frédéric Phélypeaux (1701-1781), al que le sucede el conde de Vergennes, Charles Gravier (1719-1787).

Retrato de Luis XVI, cuadro de Antoine-François Callet, 1788.

El rey se interesa de cerca por las cuestiones de política exterior y por la marina, en cuyo desarrollo participa. En este sentido, efectúa el único viaje de su reinado a Cherburgo, en el mes de junio de 1786, para visitar el astillero del nuevo puerto. Este gusto por la marina está en relación con la pasión del rey por la geografía y por los relatos de viajes.

LA EXPEDICIÓN DE LA PÉROUSE

En 1785, Luis XVI lanza una expedición científica que confía a Jean-François de La Pérouse (1741-1788), comandante de los navíos Astrolabe y Boussole («Astrolabio» y «Brújula») con el objetivo de explorar el océano Pacífico. Muy interesado por el proyecto, se informa a menudo sobre sus últimos progresos. Pero en 1788, La Pérousse deja de transmitir datos sobre la expedición. Se pierde todo rastro de sus embarcaciones y de su tripulación, que probablemente se perdieron en las inmediaciones de Vanikoro (una isla de las Salomón). Hasta el último momento, Luis XVI pregunta por el progreso de las investigaciones.

Desde el principio de su reinado, Luis XVI se enfrenta a dos grandes dificultades interdependientes: la falta de recursos financieros del Estado y la crisis de la sociedad. Los ministros que se suceden y que intentan encontrar soluciones al problema financiero, sobre todo Turgot (1727-1781), de 1774 a 1776, y el banquero suizo protestante Necker (1732-1804), de 1776 a 1781 y de 1788 a 1790, se encuentran con la resistencia de una aristocracia que protege sus privilegios. A menudo, el rey se pliega a sus quejas despidiendo a sus ministros sucesivamente. Pero al actuar de esta manera, no se resuelven las crisis e, incluso, empeoran a medida que pasa el tiempo. Luis XVI decide entonces convocar una asamblea de notables, que él mismo elige, para buscar una solución. Dado que no se logra poner a punto un proyecto concreto, el rey decide reunir los Estados Generales en 1789, una asamblea extraordinaria que reúne a los tres órdenes de la época, y cuyos miembros son elegidos por los diferentes cantones. El 17 de junio, los diputados se constituyen como Asamblea Nacional y juran no disolverse hasta dar una constitución a Francia.

Juramento del Juego de Pelota, cuadro de Jacques-Louis David, 1791.

LOS DISTURBIOS DE LA REVOLUCIÓN FRANCESA

Luis XVI reconoce la Asamblea Constituyente y acepta la idea de una constitución. Una parte de su entorno, pre-ocupado por la seguridad del rey, le aconseja que se dirija rápidamente hacia Compiègne o, incluso, hacia Metz, algo a lo que Luis XVI se niega. Sin embargo, el 6 de octubre de 1789, la familia real se ve obligada a abandonar Versalles y a instalarse en el Palacio de las Tullerías en París, bajo la vigilancia de la Guardia Nacional. Con el paso de los meses, el poder real se va reduciendo a medida que crece el de la Asamblea. Aunque Luis XVI expresa frecuentemente su descontento, siempre acaba por someterse.

Los acontecimientos toman un cariz cada vez menos aceptable para el rey, que decide huir de París a regañadientes para llegar a la frontera y, eventualmente, pedir ayuda a su cuñado Leopoldo II (1747-1792), soberano de Austria. Pero una serie de contratiempos hacen fracasar la expedición, y la familia es arrestada en Varennes, en la noche del 21 de junio de 1791. La popularidad del rey se ve muy dañada por este suceso. A partir de ese momento, está obligado a pertenecer en las Tullerías y se refuerza la vigilancia.

La situación se deteriora aún más y, el 10 de agosto de 1792, los parisinos invaden el palacio. El rey tiene que colocarse bajo la protección de la Asamblea Nacional. Entonces, es encarcelado con su familia en la torre del Temple, una fortaleza medieval que antiguamente estaba situada en el tercer distrito de París. A partir del 10 de diciembre, la Convención juzga y condena a muerte al rey. Es ejecutado el 21 de enero de 1793, con 38 años, en la plaza de la Revolución (la actual plaza de la Concordia).

Ejecución de Luis XVI, según un grabado alemán, 1793.

CONTEXTO

UN PODER REAL EN CRISIS

Cuando Luis XVI sube al trono en 1774, la realeza está en crisis. Aprovechando la falta de firmeza política de Luis XV con respecto al reinado de su predecesor, los nobles se oponen cada vez más abiertamente al poder real centralizado, llamado absoluto: es lo que se define como la «reacción aristocrática». Su objetivo es restaurar el poder señorial a través de los parlamentos, que están compuestos en su mayoría por nobles que se niegan a ratificar las decisiones de Versalles. En seguida, Luis XV toma medidas radicales y exilia a los parlamentarios recalcitrantes. Más adelante, Luis XVI, aconsejado por el conde de Maurepas, vuelve a llamar a los exiliados buscando la reconciliación y, de esta manera, refuerza de nuevo el movimiento de protesta conocido con el nombre de Sociedad Patriótica, que no dejará de extenderse hasta la Revolución francesa. Los partidarios del mantenimiento de la monarquía absoluta encuentran muchos obstáculos para hacer valer sus argumentos en este contexto particularmente tenso.

El rey también tiene que contar con los partidarios de las ideas liberales, salidas de la Ilustración, que promueven una representación más equitativa de la población, la dilución o abolición de los órdenes y el reparto del poder entre el rey y los elegidos del pueblo. Aunque esta corriente no tiene mucho peso político, en poco tiempo logrará ser escuchada y desempeñar un papel durante la Revolución.

UN ESTADO AL BORDE DE LA BANCARROTA

Bajo el reinado de Luis XVI, Francia es globalmente próspera, aunque debe enfrentarse a varios periodos difíciles, fundamentalmente ligados a malas cosechas. Estas crisis, recurrentes en el Antiguo Régimen (1589-1789), tienen como consecuencia el aumento del precio del pan y un alto temor a la hambruna. Por lo general, una política de distribución de alimentos, de precios fijados y un régimen autoritario acaban con estas crisis, pero la de los años 1780 fue más intensa y, sobre todo, mucho peor gestionada que las previas.

En esa época, la industria todavía es rudimentaria y está estrechamente vinculada al trabajo del campo. En las ciudades, el artesanado se regula con un sistema de gremios que reúnen a los miembros de una misma actividad. Con sus 27 millones de habitantes, de los que el 85 % vive en un entorno rural, Francia es el país más poblado de Europa. En ese momento, París tiene 600 000 residentes.

La tributación es enorme, aunque no llega a ser insostenible. Es muy compleja, ya que va variando en función de las provincias del reino y está compuesta por una gran cantidad de impuestos que a veces son arcaicos y se superponen, con una mayor importancia de los indirectos. A veces es necesario aumentarlos o crear unos nuevos para financiar el presupuesto y devolver la deuda del Estado, que no hacen más que aumentar. Solo se ven exentas de estos impuestos la aristocracia y la Iglesia, a quien le corresponde sin embargo la carga de la educación y de la ayuda a los más desfavorecidos.

LOS PRIMEROS AÑOS DE LA REVOLUCIÓN

La guerra de Independencia estadounidense (1775-1782) resulta desastrosa para las finanzas del Estado francés, que no logra volver a llenar las arcas. La Asamblea de Notables, reunida en 1787 y en 1788, se encarga de encontrar soluciones. Pero la aristocracia reaccionaria se niega a ver cómo inicia sus prerrogativas y lleva a Luis XVI a despedir a su ministro Calonne (1734-1802), sucesor de Necker, que proponía una reforma profunda del sistema fiscal para que hubiera un reparto más justo de la imposición. Frente a la revuelta de la aristocracia, el rey convoca en la primavera de 1789 los Estados Generales, compuestos por el clero, la nobleza y el tercer estado, que proviene principalmente de la burguesía y cuyo número se ha duplicado para la ocasión. El juramento del Juego de Pelota, en Versalles, el 20 de junio de 1789, en el que los diputados prometen no disolverse antes de haber dado una constitución a Francia, marca el inicio de la Revolución. La Asamblea Constituyente todavía muestra una amplia mayoría a favor de la monarquía, ya sea absoluta o constitucional. Sus trabajos derivan en la Constitución de 1791 que estipula, entre otros, la separación de los poderes legislativo, ejecutivo y judicial, la igualdad de todos ante los impuestos y la supresión de los parlamentos y de los gremios.

Mientras tanto, los acontecimientos que sacuden las bases de la sociedad tradicional se incrementan: la toma de la Bastilla el 14 de julio de 1789, la abolición de los privilegios en la noche del 4 de agosto, las jornadas de 5 y 6 de octubre, la Fiesta de la Federación el 14 de julio de 1790 y la

Constitución civil del clero el 12 de julio de 1790, que somete la Iglesia al Estado y a la Asamblea en vez de al papa. Todos estos episodios vulneran la dignidad real.

Cuadro que representa la toma de la Bastilla.

En octubre de 1791, la Asamblea Constituyente es sustituida por la Asamblea Nacional Legislativa, claramente más de izquierdas. En la derecha, se sientan los feuillants —grupo político conocido también como «los Amigos de la Constitución»—, el centro reúne a la mayoría de los diputados y la izquierda está ocupada por los futuros girondinos y jacobinos. El intento de huida del rey y su arresto en Varennes en 1791 asestan un duro golpe a la monarquía. De manera progresiva, se va fraguando la idea de que el monarca ya no es necesario en la mente de los revolucionarios más radicales, que aumentan su influencia en la Asamblea.

A partir del 10 de agosto de 1792, durante el asalto de las Tullerías que efectúa la población parisina, la Asamblea se ve superada por la Comuna Insurreccional de París. Los diputados moderados de la Convención Nacional (los girondinos y los marais, «pantano»), que sustituye a la Asamblea Legislativa en septiembre de 1792, sufren las presiones de los más extremistas (los montañeses), apoyados por la Comuna. El 21 de septiembre, se abole la monarquía en un contexto de tensión extrema, dado que varios cientos de prisioneros, entre los que se encuentran nobles y sacerdotes, han sido masacrados a principios de mes, y una coalición europea amenaza con invadir Francia.

La Convención, que busca tanto que la población despierte como impedir cualquier vuelta atrás y mostrar determinación frente a los enemigos, inicia un juicio inicuo contra Luis XVI, del que este sale condenado a muerte en enero de 1793. Dos meses más tarde, empezará el periodo del Terror.

Cuadro que representa el juicio de Luis XVI.

MOMENTOS CLAVE

LOS INTENTOS DE REFORMA

La misión más importante que ocupa a Luis XVI a lo largo de su reinado es resolver la crisis financiera del Estado. El hecho de que no logre sacar a Francia de esta delicada situación se debe más a su falta de autoridad que a su incompetencia.

El ministerio Turgot (1774-1776)

En 1774, el rey encarga a Turgot que controle las finanzas. A pesar de la crisis, se niega a aumentar los impuestos y a pedir nuevos préstamos, ya que cree que bastará con reducir los gastos y aumentar la rentabilidad de los bienes de la Corona para restablecer la situación. Es partidario del liberalismo, por lo que abandona la regulación del comercio del grano, lo que provoca una serie de disturbios conocidos posteriormente como «la guerra de las Harinas» (abril-mayo de 1775). A continuación, Turgot propone dos grandes reformas: por una parte, quiere que se sustituyan las corveas en especies por un impuesto en efectivo que se aplicaría sobre todos los propietarios, incluidos los nobles y la Iglesia; por otra parte, busca que se liberalice el trabajo, suprimiendo los gremios, lo que favorecería el mercado libre. Estos dos últimos decretos provocan una protesta de la nobleza y, rápidamente, Turgot se forja muchas enemistades, tanto en el Parlamento como en la Corte. Aunque, en líneas generales, Luis XVI está de acuerdo con su ministro, termina por despedirlo: Turgot ha ido demasiado lejos, demasiado rápido. Es sustituido por Necker.

El ministerio Necker (1776-1781)

Turgot deseaba reformar en profundidad las instituciones y modernizar la monarquía, apoyándose sobre todo en los propietarios, mientras que Necker, más conservador, no propone un cuestionamiento radical del sistema, sino más bien su mejora. Necker es flexible, hábil y empírico. Se opone al absolutismo y, por esta razón, se convierte en el favorito de la élite ilustrada. Además, se muestra partidario de una mayor participación de los franceses en la vida política.

Al igual que su predecesor, primero se esfuerza en reducir los gastos del Estado con el objetivo de acabar con la crisis financiera. Pero sobre todo se lanza en una política de préstamos a gran escala que, a corto plazo, se salda con un gran éxito y permite, en particular, la participación en la guerra de Independencia de Estados Unidos sin tener que aumentar los impuestos. A continuación, trabaja sobre la Ferme Générale, una compañía de financieros encargados de recolectar los impuestos indirectos y de transferirlos al Estado, cuyos privilegios cuestan caros a las finanzas públicas. Estas dos medidas, asociadas a las reformas sociales (restauración de los hospitales y de las prisiones, abolición de la tortura, etc.), aumentan considerablemente la popularidad de Necker.

Además, crea las asambleas provinciales. Estas tienen que dar su opinión, pero no tienen poder de decisión, y están dotadas de prerrogativas financieras y administrativas. Su objetivo es que los notables de la provincia acaben interesándose por la política local. Los parlamentos, cuyos poderes entran en conflicto con estas nuevas asambleas, se oponen a esta idea. Luis XVI termina cediendo ante su presión y despide a Necker, con quien además siempre ha tenido una relación complicada. Por falta de tiempo, de margen de maniobra o a causa de una mala estrategia, finalmente Necker no logra acabar con las dificultades financieras del Estado, que han empeorado todavía más con la guerra de Independencia estadounidense.

LA GUERRA DE INDEPENDENCIA ESTADOUNIDENSE (1778-1783)

Ya desde principios del año 1777, los primeros franceses, entre los que se encuentra el marqués de Lafayette (1757-1834), se comprometen con el bando de los *Insurgents* («los insurrectos»), que se sublevan contra Inglaterra, pero no es hasta el 6 de febrero de 1778 cuando Francia se alía oficialmente con los estadounidenses. Fue difícil adoptar esta decisión, ya que las finanzas francesas se encontraban entonces en su punto más bajo y el rey, con un carácter pacífico, se muestra poco favorable a la guerra. El conflicto, que termina con el Tratado de París el 3 de septiembre de 1783, se salda con la victoria de los estadounidenses y de sus aliados franceses.

Luis XVI, aunque es competente en el ámbito de la política exterior, se deja engañar por los estadounidenses, que firman en secreto un armisticio con los ingleses, a pesar de haber prometido a Francia que las negociaciones se llevarían a cabo de manera conjunta. Esta ingratitud lo indigna, pero planta cara a las maniobras inglesas. Las consecuencias de la guerra son moderadas para Francia. Por una parte, sus ganancias territoriales son modestas, siguiendo de esta manera la voluntad del rey, a favor del equilibrio europeo en detrimento de la grandeza de Francia, algo que una parte de la opinión nostálgica de Luis XIV (1638-1715) le reprocha duramente. Por otra parte, los beneficios económicos prometidos resultan ser más bajos de lo previsto, ya que los ingleses, en contra de lo que se esperaba, siguen siendo los socios comerciales privilegiados de los estadounidenses.

LA REVOLUCIÓN FRANCESA (1789-1799)

Durante los años 1780, a pesar de algún claro, la situación empeora. La rebelión de los parlamentos que se oponen cada vez más abiertamente al poder real, las dificultades económicas, la efervescencia de una sociedad que ya no se reconoce en la monarquía absoluta y, para acabar, un rey que no está a la altura de la situación de crisis que atraviesa su país llevan irremediablemente a la Revolución.

Los Estados Generales

Para acabar con las dificultades que sacuden al país y presentar a los franceses el plan de reforma de Calonne, el nuevo controlador de las finanzas, Luis XVI decide convocar los Estados Generales, que celebran su apertura el 5 de mayo de 1789 en Versalles. El objetivo de esta asamblea que reúne a los tres órdenes tradicionales —es decir, la nobleza, el clero y el tercer estado— es proponer al rey soluciones realistas teniendo en cuenta el estado de las finanzas del reino. Para neutralizar los dos primeros órdenes, que votan juntos en la mayoría de los casos, se doblan los efectivos del tercer estado, lo que eleva su cifra hasta 578, contra 291 para el clero y 285 para la nobleza.

Al convocar los Estados Generales, Luis XVI abre la caja de Pandora y da a su principal adversario (la nobleza) la posibilidad de expresarse y de frenar sus intentos de reforma. Por otra parte, no aprovecha la ocasión que se presenta ante él de aliarse con el tercer estado, también enemigo de la aristocracia reaccionaria. Al contrario, Luis XVI se muestra apático, un estado depresivo que se deteriora aún más con la muerte del delfín, el 4 de junio.

Los Estados Generales no concluyen con ninguna propuesta y la pasividad del monarca genera frustración y desprecio, por lo que el tercer estado conmina a los dos otros órdenes a sumarse a él y sueña con apoderarse del poder legislativo. El 20 de junio de 1789, los diputados del tercer estado y una parte de la nobleza y del clero juran no disolverse mientras no hayan dado una constitución a Francia. El rey no reacciona. Cuando por fin intenta volver a poner orden el 23 de junio, ya es demasiado tarde: a partir de ese momento, el poder legislativo pertenece a la Asamblea Nacional. Luis XVI, que se niega categóricamente a recurrir a la violencia, termina por ceder.

Las Jornadas de Octubre

A partir del 23 de junio, Luis XVI pierde definitivamente la delantera. Se somete reticente a los deseos de la Asamblea. Pero no está totalmente en contra de la nueva Francia que se está dibujando. Le parece que la monarquía constitucional que la Asamblea intenta poner en pie tiene algunas cualidades. Busca por naturaleza la felicidad de su pueblo y se muestra muy comprensivo con sus reivindicaciones y sus deseos, siempre a condición de que se le garantice el poder ejecutivo y las atribuciones elementales del monarca, sobre todo en política exterior. También se le otorga un derecho de veto contra el poder legislativo. Pero cuanto más concede, más se debilitan su poder y su influencia.

La toma de la Bastilla el 14 de julio de 1789 no le parece un acontecimiento extraordinario y, tres días más tarde, acepta llevar la escarapela tricolor, símbolo de la Revolución. No obstante, se niega a ratificar la Declaración de los Derechos del Hombre y del Ciudadano. El 5 de octubre de 1789, una multitud parisina, compuesta en su mayoría por mujeres, se dirige a Versalles para pedir pan. Esta insurrección adquiere también una dimensión política, ya que Luis XVI cede ante la presión popular y tiene que adoptar la Declaración que no quería firmar un tiempo atrás. Al día siguiente, la familia real se ve obligada a volver al Palacio de las Tullerías, en París. Allí es vigilada de cerca por la Guardia Nacional y vive como prisionera.

¿SABÍAS QUE...?

El 14 de julio de 1789, Luis XVI escribe *rien*, «nada» en su diario. Durante mucho tiempo, se ha criticado una supuesta falta de clarividencia del rey, pero ahora sabemos que esa palabra hace referencia al simple hecho de que no había cazado nada ese día.

Los días 5 y 6 de octubre, en los que el rey y la reina son insultados y zarandeados, marcan un cambio en la relación del rey con la Revolución. Sin embargo, aunque Luis XVI podría haber empleado la fuerza para intentar calmar la situación, sigue negándose a que corra la sangre.

Jornadas revolucionarias del 5 y 6 de octubre de 1789.

La noche de Varennes

A pesar de todos estos acontecimientos, el rey demuestra buena voluntad y jura fidelidad a la Nación y a la Ley durante la Fiesta de la Federación, el 14 de julio de 1790. Sin embargo, frente a las constantes vejaciones —es obligado a aprobar la Constitución civil del clero en contra de sus íntimas convicciones— y a las amenazas que pesan sobre él y su familia, Luis XVI decide huir. Desde los primeros meses de la Revolución, sus seres cercanos ya lo animaban a abandonar París, algo a lo que siempre se había negado, con la esperanza de que acabaría por encontrar una solución.

La familia real abandona en secreto las Tullerías la noche del 20 de junio de 1791 y huye con la ayuda de algunos realistas hacia Montmédy, una ciudadela fiel al rey, situada en la frontera con el territorio austriaco. Sin embargo, una sucesión nefasta de circunstancias, la acumulación de retraso, la imprudencia del rey que no se esconde y la impericia de los actores de la huida llevan al arresto de la familia real en Varennes, la noche del 21 de junio.

Los revolucionarios están sorprendidos por este intento de fuga. A partir de entonces, se coloca al rey bajo estrecha vigilancia y pierde casi todo su poder. Austria, Prusia y España, los países vecinos de Francia, empiezan a proyectar una intervención destinada a liberar al rey. Pero nadie desea entrar en guerra contra Francia, y el propio Luis XVI reprocha a su entorno que quiera provocar el conflicto, ya que teme que eso empeore aún más la situación. De hecho, la Asamblea acusa al rey de alentar un complot contra la Revolución y lo declara responsable de la entrada en guerra de Francia contra Austria en abril de 1792.

LA GUERRA CONTRA AUSTRIA

A Leopoldo II (1747-1792), emperador de Austria sabio y pacífico que anima a su hermana María Antonieta a aceptar la nueva Constitución francesa, lo sucede en 1792 su hijo Francisco II (1768-1835), que de entrada se muestra agresivo hacia la Francia revolucionaria y refuerza la alianza establecida con el reino de Prusia en 1791. En ese momento, las potencias europeas, que temen que las ideas revolucionarias lleguen hasta sus territorios, se reúnen para formar una primera coalición (1792-1797). Entonces, abogan por la monarquía absoluta, lo que sitúa a Luis XVI en una posición delicada. El propio rey se ve obligado a proponer que se declare la guerra a Austria para desligarse de Francisco II y mostrar su buena fe a los revolucionarios. Tras muchas campañas difíciles, los ejércitos revolucionarios acabarán con esta primera coalición.

La jornada del 10 de agosto de 1792

Por el juego de las alianzas, Prusia declara entonces la guerra a Francia el 15 de julio de 1792. El jefe del ejército prusiano, el duque de Brunswick (1735-1806), insta a los revolucionarios a que se sometan sin dilación a Luis XVI y amenaza a los parisinos con represalias en caso de que vulneren la persona del rey. Es lo que se conocerá con el nombre de «manifiesto de Brunswick», que desata los miedos y enfurece los ánimos. Así, el 10 de agosto, con el beneplácito de la Comuna Insurreccional de París, que se ha formado la víspera, los *sans-culottes —«sin calzones», partidarios de la izquierda revolucionaria—* invaden y saquean las Tullerías. El rey y su familia corren para refugiarse en la Asamblea Nacional que, ante la presión popular, decide encarcelarlos en la torre del Temple.

Luis XVI en la torre del Temple, cuadro de Jean-François Garneray.

Al principio, las condiciones de detención son relativamente flexibles: el rey está autorizado a pasar tiempo con su familia y se dedica a sus ocupaciones favoritas. Incluso se encarga personalmente de la educación de su hijo. Sin embargo, con el paso de los meses, los revolucionarios endurecen las medidas, las humillaciones de los carceleros van en aumento y el rey debe separarse de su familia.

El juicio y la muerte del rey

Entonces, el rey se vuelve una carga para la Asamblea Nacional, donde la parte más extremista de los revolucionarios ha tomado el poder. Decide iniciar un juicio contra el rey o, más exactamente, un simulacro de juicio, ya que solo se utilizan los documentos de inculpación que, por cierto, son sutiles. Se trata en particular de escritos comprometedores encontrados en un armario de hierro escondido en el Palacio de las Tullerías. Estos reúnen la correspondencia que el rey había mantenido con revolucionarios (como Mirabeau y Talleyrand) y con potencias extranjeras para limitar la revolución o, incluso, pararla.

MIRABEAU Y LAFAYETTE, REVOLUCIONARIOS AL SERVICIO DE LA MONARQUÍA

Aunque son enemigos declarados, Mirabeau (1749-1791) y Lafayette intentan impulsar una síntesis entre la monarquía y los derechos adquiridos en la primera revolución. En paralelo, estos revolucionarios convencidos también buscan proteger al rey de las ideologías extremistas y brindarle sus consejos. Sin embargo, Luis XVI siempre desconfía de ambos.

El juicio se inicia el 10 de diciembre de 1792 y, a pesar de la defensa de Raymond de Sèze (1748-1828), abogado del rey, que pronuncia la famosa frase «¡Yo busco entre vosotros a jueces, y no veo más que acusadores!» (Lamartine 1854, 27), una pequeña mayoría de la Asamblea, entre la que se encuentra Felipe Igualdad, duque de Orleans (1747-1793) y primo del rey, vota a favor de su muerte. Luis XVI es guillotinado en la mañana del 21 de enero de 1793. María Antonieta seguirá el mismo camino el 16 de octubre del mismo año. La impasibilidad con la que el rey acepta su ejecución y los días que la preceden suscita la admiración de todos aquellos que lo rodean.

REPERCUSIONES

La Revolución francesa vive un nuevo punto de inflexión con la muerte de Luis XVI. Sigue una tendencia que aparece en septiembre de 1792 y se radicaliza todavía más bruscamente, dado que ha desaparecido la figura del rey, que desempeñaba una función de contención. En marzo de 1793, dos meses después de la muerte del soberano, la creación del Tribunal Revolucionario marca la instauración del régimen del Segundo Terror (1793-1794).

En ese mismo momento, la guerra se intensifica contra unos monarcas europeos que desean ver cómo fracasa una revuelta que ha llevado a un regicidio. Puesto que las potencias están decididas a que la Revolución no se extienda a sus territorios, se anexionan regiones que las separan de Francia. La Asamblea Constituyente decreta la leva en masa de 300 000 hombres, lo que provoca la insurrección de la región de Vendée, contra la que hay que luchar. Tras una serie de reveses, la República logra frenar a sus enemigos e, incluso, continuar sus conquistas.

UNA NOSTALGIA CON BALANCE MODERADO

La ejecución de Luis XVI conmociona profundamente a la propia Francia que todavía es mayoritariamente realista, pero que tiene miedo de los revolucionarios radicales. Muchas son las misas clandestinas que se llevan a cabo en honor al difunto rey. No obstante, la continuación de la Revolución y la guerra acaparan las mentes. Bajo el Consulado (1799-1804) y el Imperio (1804-1814), se prohíbe demostrar nostalgia hacia Luis XVI, aunque Napoleón I (1769-1821) toma la posición de reconciliador para pacificar el país.

Habrá que esperar hasta el liderazgo de Luis XVIII (1755-1824) —el hermano pequeño de Luis XVI— durante la Restauración, en 1814, para que se rinda un homenaje oficial al último rey del Antiguo Régimen. Sus restos, así como los de María Antonieta, se exhuman con solemnidad y se transfieren a la basílica de Saint-Denis. En el lugar en el que los revolucionarios lo entierran tras su ejecución se levanta una capilla expiatoria en su memoria. El culto al rey mártir pierde fuelle rápidamente, aunque jamás desaparece. Vuelve a tener un interés renovado cuando se cumple el bicentenario de su muerte, en 1993, año en el que se celebran varias conmemoraciones.

Cenotafio de Luis XVI y de María Antonieta en la basílica de Saint-Denis.

Todavía hoy en día se celebra una misa todos los 21 de enero en homenaje a Luis XVI en la iglesia de Saint-Germain-l'Auxerrois, en París. Pero cabe constatar que la persona del rey, al igual que su reinado, ha dejado poca huella en la memoria nacional. Los herederos de la Revolución francesa no muestran ninguna consideración por él, aunque muchos deploran en la actualidad su ejecución, mientras que los realistas y nostálgicos del Antiguo Régimen le reprochan su debilidad y su incapacidad para oponerse a las fuerzas revolucionarias y salvar a la monarquía.

EL PODER DEL SÍMBOLO

La vida de Luis XVI corresponde al final de un régimen que aparece en Francia más de mil años antes, el de la monarquía de derecho divino. El último rey del Antiguo Régimen se mostró incapaz de modernizar Francia y, por lo tanto, de sentar unas bases que podrían haber tenido grandes consecuencias en el futuro.

Por el contrario, las consecuencias de su muerte son considerables: «La ejecución pública del monarca, en presencia de la multitud, tras una sentencia dictada "en nombre del pueblo francés", era una forma decisiva, radical e irreversible de romper con el pasado y, de esta manera, de fundar un nuevo régimen»[1] (Petitfils 2005, 955). Matar al rey, más allá de quitarle la vida a un hombre, es poner un punto final a una institución y prohibir para siempre que vuelva. Por eso, las monarquías del siglo XIX no pudieron volver al brillo y al entusiasmo del Antiguo Régimen, dado que las dimensiones espiritual y sagrada fueron definitivamente abolidas con la muerte de Luis XVI. Los revolucionarios que votaron por la ejecución del rey eran conscientes del acto soberano que estaban llevando a cabo. Se considera inconcebible *de facto* el regreso a una monarquía absoluta de derecho divino. Este acontecimiento ha marcado profundamente la historia de Francia y, durante un largo periodo de tiempo, muchos

---

1. Cita traducida por 50Minutos.es

franceses han pensado que la fundación de la República descansaba sobre un asesinato. Pero también se percibe como el símbolo del paso de un mundo definitivamente obsoleto al de la era moderna.

EN RESUMEN

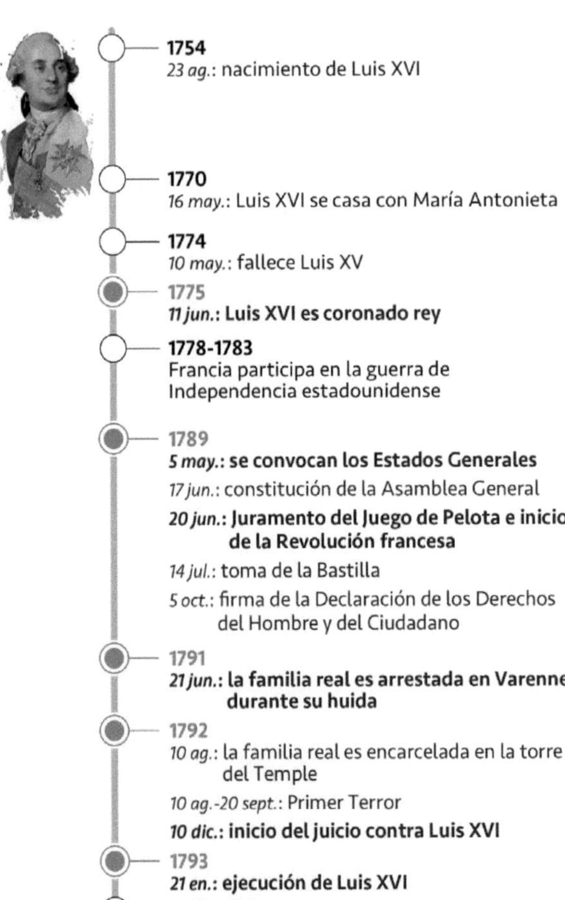

1754
23 ag.: nacimiento de Luis XVI

1770
16 may.: Luis XVI se casa con María Antonieta

1774
10 may.: fallece Luis XV

1775
11 jun.: **Luis XVI es coronado rey**

1778-1783
Francia participa en la guerra de
Independencia estadounidense

1789
5 may.: **se convocan los Estados Generales**

17 jun.: constitución de la Asamblea General

20 jun.: **Juramento del Juego de Pelota e inicio
de la Revolución francesa**

14 jul.: toma de la Bastilla

5 oct.: firma de la Declaración de los Derechos
del Hombre y del Ciudadano

1791
21 jun.: **la familia real es arrestada en Varennes
durante su huida**

1792
10 ag.: la familia real es encarcelada en la torre
del Temple

10 ag.-20 sept.: Primer Terror

10 dic.: **inicio del juicio contra Luis XVI**

1793
21 en.: **ejecución de Luis XVI**

1793-1794
Segundo Terror

- Luis XVI nace en 1754, se casa con María Antonieta en 1770, sube al trono 4 años más tarde, pierde una gran parte de su poder en 1789 a consecuencia de la Revolución francesa y muere en la guillotina el 21 de enero de 1793 con 38 años.

- Hombre reservado e irresoluto, Luis XVI no está hecho para ser un jefe de Estado y considera que su misión es una carga.

- La Francia de Luis XVI es globalmente próspera y el rey es popular hasta la víspera de la Revolución.

- El objetivo de su política interior es acabar con la crisis financiera del Estado. Confía esta misión a Turgot, a Necker y a Calonne sucesivamente, pero todos fracasan, no tanto por su incompetencia como por la falta de autoridad del rey.

- La entrada en guerra de Francia junto a los estadounidenses contra Inglaterra es un éxito desde un punto de vista militar, pero resulta nefasta sobre todo desde la perspectiva de las finanzas.

- Quien se opone a la política de Luis XVI y propicia el estallido de la Revolución no es tanto la élite ilustrada y la burguesía como la aristocracia reaccionaria, nostálgica del poder señorial.

- El juramento del Juego de Pelota (20 de junio de 1789), las Jornadas de Octubre (5-6 de octubre de 1789), la Fiesta de la Federación (14 de julio de 1790), la huida de la familia real y su arresto en Varennes (21 de junio de 1791), así como el asalto de las Tullerías por parte de la Comuna Insurreccional (10 de agosto de 1792) son las grandes etapas de la decadencia del rey durante la Revolución francesa.

- El carácter de Luis XVI hace posible la Revolución y, paradójicamente, fue el mejor rey para esta, vista su bondad natural, su apertura de mente y la consideración de los deseos del pueblo.
- Su ejecución es, ante todo, política y se ha convertido en un símbolo a través de las épocas. Pone punto final a la monarquía absoluta de derecho divino, aparecida en Francia más de mil años antes, y abre las puertas de la era moderna.

¡Tu opinión nos interesa!
¡Deja un comentario en la página web de tu librería en línea,
y comparte tus favoritos en las redes sociales!

PARA IR MÁS ALLÁ

FUENTES BIBLIOGRÁFICAS

- Chiappe, Jean-François. 1987-1989. *Louis XVI*, vol. 1, 2 y 3. París: Perrin.
- de Lamartine, Alphonse. 1854. *Historia de los girondinos*, tomo 3. Madrid: La Publicidad.
- de Viguerie, Jean. 2003. *Louis XVI. Le roi bienfaisant*. París: Éditions du Rocher.
- Gallo, Max. 2010. *La Révolution française. Le peuple et le roi*. París: Pocket.
- Luis XVI. 1793. "Testamento". *Gaceta de Madrid*, n.° 1-52. Madrid.
- Maral, Alexandre. 2013. *Louis XVI. L'incompris*. Rennes: Ouest-France.
- Petitfils, Jean-Christian. 2005. *Louis XVI*. París: Perrin.
- Vincent, Bernard. 2006. *Louis XVI*. París: Gallimard.

FUENTES ICONOGRÁFICAS

- *Retrato de Luis XVI*, cuadro de Antoine-François Callet, 1788. La imagen reproducida está libre de derechos.
- *Juramento del Juego de Pelota*, cuadro de Jacques-Louis David, 1791. La imagen reproducida está libre de derechos.
- Ejecución de Luis XVI, según un grabado alemán, 1793. La imagen reproducida está libre de derechos.
- Cuadro que representa la toma de la Bastilla. La imagen reproducida está libre de derechos.
- Cuadro que representa el juicio de Luis XVI. La imagen

reproducida está libre de derechos.
- Jornadas revolucionarias del 5 y 6 de octubre de 1789. La imagen reproducida está libre de derechos.
- Luis XVI en la torre del Temple, cuadro de Jean-François Garneray. La imagen reproducida está libre de derechos.
- Cenotafio de Luis XVI y de María Antonieta en la basílica de Saint-Denis. La imagen reproducida está libre de derechos.

PELÍCULAS Y DOCUMENTALES

- *La noche de Varennes.* Dirigida por Ettore Scola, con Jean-Louis Barrault, Marcello Mastroianni, Hanna Schygulla y Michel Piccoli. Francia, Italia: Opera Film y Gaumont-FR3, 1982.
- *Ce jour-là tout a changé. L'Évasion de Louis XVI.* Dirigido por Arnaud Sélignac. Francia: 2009.
- *Louis XVI, l'homme qui ne voulait pas être roi.* Dirigido por Thierry Binisti. Francia: 2011.
- *Adiós a la reina.* Dirigida por Benoît Jacquot, con Léa Seydoux, Diane Kruger y Xavier Beauvois. Francia: GMT Productions, Les Films du Lendemain y France 3 Cinéma, 2012.
- *Secrets d'histoire.* "Louis XVI, l'inconnu de Versailles". Temporada 8, episodio 2. Dirigido y presentado por Stéphane Bern. TV5Monde, 19 de mayo de 2015. Consultado el 23 de junio de 2017. <u>http://www.tv5monde.com/programmes/fr/programme-tv-secrets-d-histoire-louis-xvi-l-inconnu-de-versailles/8813/</u>

MONUMENTOS CONMEMORATIVOS

- La Capilla Expiatoria, situada en la plaza de Luis XVI en París, Francia.
- La Basílica de Saint-Denis, en el departamento de Seine-Saint-Denis, Francia.
- La columna coronada con una estatua de Luis XVI, de Dominique Molknecht (1823), en Nantes, Francia.

Además, Louisville (Kentucky, Estados Unidos) fue bautizada así en honor a Luis XVI.

¡APRENDER NUNCA ANTES FUE TAN RÁPIDO!

www.en50minutos.es